BEI GRIN MACHT SICH IHR
WISSEN BEZAHLT

AF143161

- Wir veröffentlichen Ihre Hausarbeit,
  Bachelor- und Masterarbeit

- Ihr eigenes eBook und Buch -
  weltweit in allen wichtigen Shops

- Verdienen Sie an jedem Verkauf

Jetzt bei www.GRIN.com hochladen
und kostenlos publizieren

Bibliografische Information der Deutschen Nationalbibliothek:

Die Deutsche Bibliothek verzeichnet diese Publikation in der Deutschen National-
bibliografie; detaillierte bibliografische Daten sind im Internet über http://dnb.d-
nb.de/ abrufbar.

Impressum:

Copyright © 2018 GRIN Verlag
Druck und Bindung: Books on Demand GmbH, Norderstedt Germany
ISBN: 9783346197726

Dieses Buch bei GRIN:

https://www.grin.com/document/900994

Doina Vorosan

Fragestellungen zur Medienrhetorik. Umgang mit Kamera und Mikrofon, Körpersprache bei Medienauftritten, Vorbereitung auf Pressefragen

GRIN Verlag

GRIN - Your knowledge has value

Der GRIN Verlag publiziert seit 1998 wissenschaftliche Arbeiten von Studenten, Hochschullehrern und anderen Akademikern als eBook und gedrucktes Buch. Die Verlagswebsite www.grin.com ist die ideale Plattform zur Veröffentlichung von Hausarbeiten, Abschlussarbeiten, wissenschaftlichen Aufsätzen, Dissertationen und Fachbüchern.

Besuchen Sie uns im Internet:

http://www.grin.com/

http://www.facebook.com/grincom

http://www.twitter.com/grin_com

Einsendeaufgabe

Modul: Medienrhetorik und Textgestaltung

Aufgabe B

Online eingereicht am 10.05.2018

SRH Fernhochschule Riedlingen

Studiengang: Medien- und Kommunikationsmanagement

Inhaltsverzeichnis

Aufgabe B1

Trainingsmethoden für den professionellen Umgang mit Kamera und Mikrofon

Die Vorbereitungsphase eines Medienauftritts ist dezisiv für dessen Erfolg. Eine ausgiebige Planung kann dafür sorgen, dass der Auftritt keine negative Überraschung, sondern eine einprägsame Aufführung wird. Die Beantwortung folgender Vorbereitungsfragen (u. A.) stellt sicher, dass ein souveräner und kompetenter Eindruck hinterlassen wird:

- An welcher Sendung nimmt man teil?
- Welche Ziele werden damit verfolgt?
- Welche Zielgruppe wird angesprochen?
- Welche Kernbotschaft möchte man selber übertragen?
- Welche möglichen (unbequemen) Fragen (und mögliche Antworten) könnten gestellt werden?[1]

Ein Medienauftritt unterscheidet sich grundsätzlich wenig von einem Vortrag oder einer Präsentation. Der Unterschied dabei ist hauptsächlich, dass die Dramaturgie von einem fremden Moderator geleitet wird. Die Vorbereitungsphase fungiert als ein Testdurchlauf für die eigentliche Auftrittssituation, da die zu übernehmende Rolle gedanklich und emotional vorab durchgespielt werden kann.

Nach der Begrüßung, die für so manchen Anfänger bereits eine Hürde darstellt, beginnt der relevante Teil des Gesprächs. Ab dann kann man das Publikum durch einzigartige Inhalte und/oder eine angenehme Art und Weise für sich gewinnen. Hierbei spielt die nonverbale Kommunikation eine ebenso wichtige Rolle wie die verbale Sprache. Eine passende Körpersprache trägt maßgeblich dazu bei, dass der Medienauftritt authentisch und sympathisch wirkt.[2] Laut *Sponar* sind Simplizität, Authentizität und Emotionalität die drei Eigenschaften eines erfolgreichen Auftritts.[3] In der Literatur finden sich eine Vielzahl an Tipps

---

[1] vgl. *Mahler* (2015)
[2] vgl. *Matschnig* (2012), S. 46
[3] vgl. *Sponar* (2014)

und Regeln für die Vorbereitung von Medienauftritten. Um den Rahmen dieser Aufgabenstellung nicht zu sprengen, wird auf nur einige ausgewählte Aspekte eingegangen, die Bestandteil von allgemeinen Trainings für Medienauftritte sind.

Planung: Ein hohes Selbstvertrauen und -überzeugung entsteht durch eine klar strukturierte Planung. Durch eine vorherige Festlegung des Inhalts und der Reihenfolge der Argumente können Fauxpas in der Formulierung und Argumentation vermieden werden. Denn vor laufenden Kameras können, bedingt durch die Aufregung, die selbstverständlichsten Informationen vergessen werden. Eine persönliche Checkliste über die wichtigsten zu erwähnenden Punkte erweist sich vor allem für Anfänger als erfolgsfördernd.[4]

Storytelling: Um das Publikum zu "fesseln", reicht eine gute Geschichte allein nicht aus. Wichtiger als die Inhalte ist die Art und Weise, wie die Geschichte erzählt wird. Dabei spielen ein angenehmer Stimmklang, eine klare Artikulation, eine sinnvermittelnde Betonung, ein sicheres Timing der Pausen und ein verständliches Sprechtempo eine maßgebliche Rolle, ob sich das Publikum auf die Rede einlässt.[5]

Gesten: Natürliche Handbewegungen gehören zu einer Rede, doch zu viele schnelle Bewegungen wirken sich negativ auf das Gesamtbild aus.[6] Die Bedeutung der Gestensprache wird in der Aufgabe B2 näher behandelt.

Haltung: Die Haltung entscheidet, ob das Publikum aufmerksam zuhört oder gedanklich abschweift. Eine falsche Haltung vermittelt den Anschein einer innerlichen Abschaltung, was sich auf das Interesse der Zuhörer negativ auswirkt. Die richtige Haltung dagegen vermittelt Energie und Intelligenz.[7]

Lächeln: Ein natürliches Lächeln, das einen freundlichen Gesichtsausdruck begleitet, erweckt beim Publikum Sympathie (siehe Aufgabe B2). Insbesondere vor der Kamera wirkt ein nicht-lächelndes Gesicht schnell negativ.[8]

Kleidung: Die für das Businessleben richtige Kleidung kann vor der Kamera eine unvorteilhafte Wirkung erzielen. Einfache und einfarbige Stoffe wirken im Gegensatz zu gestreiften Stoffen ruhiger. Hellblaue, beige und dunkle Farben

---

[4] vgl. *Video* (2017)
[5] vgl. *Schweickhardt* (o. D.)
[6] vgl. *Molcho* (2015), S. 182
[7] vgl. *kundennutzen.ch* (o. D.)
[8] vgl. *Video* (2017)

sollten weißen Kleidungsstücken, die einen Rückstrahleffekt haben, vorgezogen werden. Die generelle Regel lautet auch bei Medienauftritten: "Sie sollten sich in Ihrer Kleidung wohl fühlen und diese sollte auch Ihre Persönlichkeit widerspiegeln. Wählen Sie bequeme Kleidung, die SIE repräsentiert."[9]

Essen und Trinken: Stark zuckerhaltiges Essen regt eine übermäßige Speichelproduktion an. Dieser kann zu unregelmäßigem Sprechrhythmus und "feuchte Aussprache" führen. Sinnvoller ist dagegen das Trinken von Tee oder Wasser sowie das Essen von kohlenhydratreichen Snacks wie Müsli-Riegeln oder Obst wie Feigen und Bananen.[10]

Lampenfieber: Die positive Kontrolle des Lampenfiebers ist eine der herausforderndsten Übungen. Der richtige Umgang damit wird durch eine gute mentale Vorbereitung erreicht. Die Nervosität, die aus dem Lampenfieber entsteht, setzt Adrenalin frei. Dies steigert die Anspannung, wodurch außerordentliche Leistungen vollbracht werden können.[11] Nachdem die begleitenden Symptome des Lampenfiebers erkannt wurden, können diese als positive Aufputschmittel genutzt werden. Die Unsicherheitsreflexe des Lampenfiebers können sich in Haltung, Gestik und Mimik wie folgt äußern:

- Abwenden des Oberkörpers vom Gesprächspartner,

- Aufbau einer großen Distanz,

- Rümpfen der Nase,

- ständige Berührung am Kopf oder Halsbereich,

- unruhiges Stehen, Sitzen oder Gestikulieren sowie

- verschränkte Armhaltung.[12]

Diese Signale äußern sich bei jedem Individuum anders. Daher ist es Jedem geboten, sich in Stresssituationen zu beobachten und eine eigene "Beruhigungsstrategie" zu entwickeln. Hilfreich ist z. B. wenn die ersten Interviews in einer bekannten Umgebung wie im eigenen Büro oder auf dem Firmengelände stattfinden. Dadurch gewinnt man Selbstsicherheit, da die

---

[9] *kundennutzen.ch* (o. D.)
[10] vgl. *Video* (2017)
[11] vgl. *Matschnig* (2016b), S. 60
[12] vgl. *Matschnig* (2012), S. 44

gesamte (organisatorische) Situation in der eigenen Hand liegt. Auch Bewegung in Form eines kurzen Spaziergangs trägt dazu bei, dass die Nervosität und die Angst abnehmen. Ähnlich wie beim Halten eines Vortrags sollten die Journalisten und die Zuhörer nicht als Feind, sondern als alte Bekannte betrachtet werden, denen man etwas erklären möchte.[13]

Stimme und Rhetorik: Die Inhalte spielen eine ebenso wichtige Rolle wie die Körpersprache, die Haltung und das Auftreten selbst. Ein guter Redner zeichnet sich dadurch aus, dass er sich auf die Bedürfnisse des Publikums einstellt, Kontakt aufbaut und es begeistert. Eine gute Rede besitzt eine passende Dramaturgie, interessante Gedankengänge und überzeugende Argumente.[14] Bei einem souveränen Auftritt werden die Inhalte von Glaubwürdigkeit und Überzeugung begleitet und durch die richtige Wortwahl wird der Eindruck vermittelt, dass die Botschaft auch für den Redner wichtig ist. Die Botschaft sollte über die gesamte Dauer des Auftritts für alle klar und einfach verständlich sein.[15] Die komplexen Zusammenhänge werden in kurzen Sätzen formuliert sowie langsam und laut präsentiert, damit auch ältere Personen aus dem Publikum diese gut hören und verstehen können.[16] Vor der Kamera und am Mikrofon verleihen bereits sekundenlange Sprechpausen dem Gesagten eine größere Bedeutung. Dabei bekommt das Publikum Zeit zum Nachdenken.[17] Durch die Stimme lässt sich auf bestimmte Gefühlslagen oder Charaktereigenschaften schließen. Basierend auf der Ausgangslage der normalen Stimmlage lässt sich von der Sprechgeschwindigkeit auf Temperament, Energie und Vitalität schließen. Durch die Lautstärke kann dem Gesagten Wichtigkeit und Nachdruck verliehen werden. Eine undeutliche Sprache dagegen deutet auf Ungenauigkeit, Disziplinlosigkeit und Geringschätzung von Menschen hin.[18] Die Authentizität sollte nicht nur im Auftreten sondern auch in dem natürlichen Stimmklang gespürt werden.[19]

---

[13] vgl. *Steinke* (o. D.)
[14] vgl. *Schweickhardt* (o. D.)
[15] vgl. *kundennutzen.ch* (o. D.)
[16] vgl. *Lackner* (2018)
[17] vgl. *Molcho* (2015), S. 182
[18] vgl. *Enkelmann/Tschernutter* (2006), S. 78
[19] vgl. *kundennutzen.ch* (o. D.)

Aufgabe B2

Die Bedeutung von Mimik, Blickkontakt und Gestik bei Medienauftritten

Die menschliche Kommunikation findet ständig in einer verbalen und/oder non-verbalen Form statt. Der größte Teil der Kommunikation erfolgt auf non-verbaler Ebene durch die Signale der Körpersprache, die eine sehr wichtige Funktion in der zwischenmenschlichen Interaktion übernehmen. Diese setzt sich aus Elementen wie Körperhaltung, Mimik und Gestik zusammen. Sogar unser Blick und der Klang der Stimme senden Botschaften. Unsere Körpersprache verrät, ob wir authentisch sind, die Wahrheit sagen, etwas verheimlichen und wie wir uns wirklich fühlen. Sie kann die verbalen Aussagen bestätigen, verstärken und sogar ersetzen oder widersprechen. Ihre Ausdrucksformen können je nach Kultur und Umfeld variieren.[20] "Erst wenn wir anfangen, wirklich darauf zu achten, unsere Mimik und unsere Gestik auf unsere innere Haltung abzustimmen, können wir behaupten, authentisch zu kommunizieren. Alles andere wirkt aufgesetzt. Und genau da setzt die so häufig ersehnte charismatische Ausstrahlung ein: In der Vielfalt unserer Ausdrucksmöglichkeiten und nicht in der bloßen Reduktion unseres Mienenspiels auf professionelle Freundlichkeit."[21]

Mimik: Das Gesicht spiegelt unsere innere Gefühlswelt wider. Die 26 unterschiedlichen Gesichtsmuskeln können innerliche Gefühle wie Wut, Freude, Trauer, Angst oder Überraschung offenbaren.[22] Während des Redens und des Zuhörens ist der Einsatz der Mimik erforderlich. Denn auch beim Zuhören wird vom Gesprächspartner eine Reaktion erwartet. Diese Mimik-Reaktion bestätigt, dass das Erzählte eine Wirkung auf den Zuhörer entfaltet hat und dass der Gesprächspartner gleichwertig ist. Wer beim Zuhören wiederum auf Mimik verzichtet, vermittelt den Eindruck von Macht und Überlegenheit. Ein solcher Eindruck kann beim Gesprächspartner Gegendruck oder Resignation hervorrufen.[23]

---

[20] vgl. *Matschnig* (2016b), S. 8–9
[21] *Zapke* (2015), S. 34
[22] vgl. *Matschnig* (2016b), S. 10
[23] vgl. *Molcho* (2015), S. 105

Lächeln: Die angenehmste Mimik wird von einem echten Lächeln begleitet. "Das Lächeln ist ein erstes Anzeichen für die Entwicklung der Intelligenz. [...] Lächeln ist damit schon in der frühen Kindheit ein positives Mittel, um Zuwendung und Sympathie zu signalisieren und zu erhalten."[24] Doch ein dauerhaftes Lächeln kann künstlich wirken und ist in der professionellen Kommunikation nicht immer angebracht. Manchmal kann ein Lächeln als eine Entschuldigung wirken[25] und diese könnte als ein Zeichen von Schwäche und Unsicherheit interpretiert werden. Ein echtes Lächeln lässt sich an den Fältchen um die Augen, den gesenkten Augenbrauen und den nach oben gezogenen Mundwinkeln erkennen. Dieses erobert Menschen, sendet Harmlosigkeit aus und erweckt Vertrauen.[26]

Mund: Der Mund kann neben dem Lächeln auch negative Signale erzeugen. Ein verschlossener Mund mit zusammengepressten Lippen zeigt Entschlossenheit und Geschlossenheit. Enttäuschung wird durch das Schieben der Unterlippe nach vorne gezeigt. Zwiespalt oder Sarkasmus manifestiert sich durch das Hochziehen eines Mundwinkels.[27]

Augenbrauen: Wer die beiden Augenbrauen hochzieht, signalisiert Interesse und Erstaunen. Dadurch wird der Gesprächspartner motiviert, mehr von seinen Gedanken auszutauschen. Das Hochziehen einer einzigen Augenbraue kann Humor oder Skepsis hervorheben.[28] Auch Emotionen wie Abscheu, Begeisterung oder Überraschung können durch das Hochziehen der Augenbrauen ausgedrückt werden.[29] "Mit Worten kann man vieles behaupten, doch das Gesicht verrät meist die Wahrheit. Gefühle, Intuitionen und zwischenmenschliche Einstellungen spiegeln sich in ihm wider. Doch Achtung, der Ausdruck ist selten eindeutig. Er muss von unserem Gegenüber richtig interpretiert werden."[30]

Blickkontakt: "Grundsätzlich wird der Blickkontakt als Einladung zur Kommunikation und Aufmerksamkeit verstanden."[31]

Während eines Gesprächs empfiehlt es sich, den **Blickkontakt** mit dem Gesprächspartner weitestgehend zu halten. Eine leichte Kopfhaltung hilft, dass

---

[24] *Matschnig* (2016) b, S. 15
[25] vgl. *Zapke* (2015), S. 38
[26] vgl. *Matschnig* (2016) b, S. 44f
[27] vgl. *Matschnig* (2016) b, S. 56f
[28] vgl. *Molcho* (2015), S. 104f
[29] vgl. *Müller* (2012), S. 125
[30] *Matschnig* (2016) a, S. 40
[31] *Matschnig* (2016) a, S. 41

sich der andere durch den fixen Blick nicht beobachtet und kontrolliert fühlt.[32] Der Blick sollte zudem auf einer natürlichen und angenehmen Weise über das Gesicht, den Hals und die Brust wandern und die gesamte Person einbeziehen.[33]

Die **Länge des Blickkontakts** definiert die sehr feine Grenze (Millisekunden) zwischen starrem, dominantem und verunsichertem Auftreten. Eine Sekunde länger, als der soziale Augenkontakt dauert, reicht, um die eigene Autorität zu unterstreichen und eine hohe Aufmerksamkeit anzuzeigen.[34] Das Gegenteil davon, die kurzen Blicke, wirken schüchtern, desinteressiert oder gefügig.[35] Bei einer Rede oder einem Vortrag sollte der Blick über das ganze Publikum wandern. Durch den abwechselnden kurzen Blickkontakt mit den einzelnen anwesenden Personen wird eine persönliche Beziehung aufgebaut, ein non-verbaler Dialog gestartet und jeder Teilnehmer persönlich wahrgenommen. Gleichzeitig verschafft man sich dadurch einen Eindruck über die Interessenlage des Publikums.[36]

Doch nicht nur die Dauer allein hat in der Körpersprache eine Bedeutung, auch **erweiterte Pupillen** deuten auf Interesse oder auch Angst hin. Der **Blick von oben nach unten** vermittelt Herrschsüchtigkeit und Arroganz, wiederum stellt der **Blick von unten nach oben** Hilfsbedürftigkeit und Unsicherheit. Ein **seitlicher Blick** wirkt geringschätzend, misstrauisch und/oder beobachtend.[37]

<u>Gestik:</u> "Im Französischen heißt "jetzt" "maintenant", was wiederum wörtlich übersetzt "(in der) Hand haltend" bedeutet (main = Hand, tenant = haltend). Im Jetzt halten wir also alles in der Hand und "haben es in der Hand"; uns steht zur Verfügung, was wir im Moment brauchen. Der Bezug der Hände zur Gegenwart, zum Jetzt, wird damit deutlich."[38]

Die Begriffe Gestik und Gestikulation haben in der Sprache nur einen feinen Unterschied. Die allgemeinen bewussten und unbewussten Körperbewegungen der Arme, der Hände und des Kopfs deuten auf Emotionen hin und fordern zum Handeln auf. Die Wirkung einer Geste ergibt sich aus dem Zusammenspiel dieser

---

[32] vgl. *Molcho* (2015), S. 102
[33] vgl. *Molcho* (2015), S. 103
[34] vgl. *Müller* (2012), S. 125
[35] vgl. *Matschnig* (2016) a, S. 41f
[36] vgl. *Molcho* (2015), S. 178
[37] vgl. *Matschnig* (2016) a, S. 41f
[38] *Dahlke/Fasel* (2016), S. 17

Körperteile. Die Gestikulation dagegen bezieht sich auf redebegleitende Körperbewegungen.[39] Die Hände sind ein fester Bestandteil der Wortsprache und sollten beim Reden immer gezeigt werden, da sonst ein verschlossener und unhöflicher Eindruck vermittelt wird. Anhand der Gesten kann rasch erkannt werden, ob diese das gesagte Wort untermalen und der Redner den Zugang zu seiner Gedankenwelt fließend und elegant gestaltet oder ob er sich kämpfend und mühsam zu seinen Gedanken durchschlagen muss. Die Gesten zeigen Charakter- und Persönlichkeitseigenschaften. Die Gesten entstehen im Laufe des Lebens und sind das bewusste oder unbewusste Ergebnis unserer Umgebung.[40]

Auf den Körper bezogene Gesten sind unbewusste Gesten wie Schutz-, Abwehr- oder Manipulationsgesten, die in Stresssituationen selbstberuhigend wirken. Diese können auffällige oder subtile Bewegungen sein wie zupfende, wischende Bewegung an der Kleidung, Kratzen im Halsbereich oder Reiben von Zeigefinger und Daumen. Außerdem kann eine zur Faust geballte Hand Verärgerung oder zitternde Finger Nervosität ausdrücken.

Vom Körper weg gerichtete Gesten wiederum beziehen sich auf die Interaktion mit anderen Menschen und ermöglichen eine Hervorhebung von besonderen Worten oder Bedeutungen, erhöhen die Aufmerksamkeit und bringen Dynamik in die Sprache. Ein Beispiel dafür ist das Strecken der Finger in die Luft bei einer Aufzählung.

Des Weiteren gibt es Gesten, die auch als Embleme bezeichnet werden. Embleme sind **konventionelle Gesten**, die unmittelbar von allen verstanden werden, wie z. B. der Stinkefinger auf dem Fußballfeld.[41]

Eine weitere Kategorisierung der Gestik ist die sogenannte **"weite Gestik"**, die charismatische Menschen kulturübergreifend verwenden, wie z. B.:

- Die Arme erschaffen eine weitere Bewegung weg vom Körper und liegen nie eng am Körper.
- Die Armbewegungen werden langsam und breit ausgeführt und strahlen Ruhe und Kraft aus.

---

[39] vgl. *Matschnig* (2016a), S. 38
[40] vgl. *Dahlke/Fasel* (2016), S. 18
[41] vgl. *Matschnig* (2016) a, S. 39f

- Die Betonung wichtiger Aspekte erfolgt durch die Nutzung einer oder beider Hände in Form von einer geballten Hand oder einem erhobenem Zeigefinger.

Im Allgemeinen sprechen die Gesten eine eigene Sprache. Sie können Lautstärke, Intensität, Intonation, Offenheit, Aufmerksamkeit oder Direktheit wiedergeben.[42] "Wer gestikuliert, wird als Sprecher wahrgenommen. Gestikulieren wir, dann wirken wir offener, eloquenter, erzeugen mehr Aufmerksamkeit und modulieren auch automatisch stärker mit der Stimme. […] Gesten illustrieren, verstärken, strukturieren, schwächen an, zeichnen Gedankenverläufe nach oder ersetzen gar komplette Sätze."[43]

Aus den Medienauftritten wurden Gesten wie z. B. Das Berühren des Gesichts mit der Hand, das Deuten mit dem Zeigefinger auf eine andere Person oder verkeilte Finger als **"No-Gos"** katalogisiert.[44]

Positive Gesten dagegen sind sichtbare Hände (=Offenheit, Vertrauenswürdigkeit), Gesten zwischen Taille und Kinn (=positiv, aufwertend) sowie von unten nach oben verlaufende Gestikulation (=unterstützend, einladend).[45]

---

[42] vgl. *Müller* (2012), S. 123
[43] *Matschnig* (2016) a, S. 38
[44] vgl. *Matschnig* (2014)
[45] vgl. *Matschnig* (2016) b, S. 39

Aufgabe B3

Vorbereitung auf mögliche Fragen der Presse

Zur Vorbereitung auf die Pressefragen gehört auch die Frage, ob ein Interview überhaupt in der bestimmten Situation/zu dem bestimmten Thema sinnvoll ist. Ein Interview ist dann sinnvoll, wenn

* relevante Vorteile entstehen,

* die passende Zielgruppe in der richtigen Form angesprochen wird,

* keine Risiken durch die Interviewsituation auftreten können und

* der "Preis" einer Absage "bezahlbar" ist.[46]

Zur Vorbereitung gehört das Klären einiger Rahmenbedingungen, die ähnlich wie bei einem Vortrag, einer Rede oder einem Medienauftritt erfolgen. Auf bei dieser Aufgabe können leider nicht alle Aspekte behandelt werden. Daher erfolgt auch hier lediglich die Beschreibung der Themenpunkte, die Bestandteil von allgemeinen Trainings für Medienauftritte sind.

Zieldefinition: Durch einen Medienauftritt werden persönliche Ziele wie Ruhm, Ehre, Beförderung, Selbstinszenierung oder inhaltliche Ziele wie Geldsammlung für ein Projekt, Einholung einer Genehmigung, Bekanntmachung von Entwicklungen o. Ä. verfolgt. Die Definition der eigenen Ziele ist sowohl für die Zuhörer als auch für den Redner selbst wichtig. Dadurch wird sichergestellt, dass lediglich die relevanten Informationen Einzug in die Rede finden. Dies erhöht den Spaßfaktor bei der Vorbereitung und mindert die Wahrscheinlichkeit, dass die Zuhörer gelangweilt werden.[47]

Zuhöreranalyse: Damit die Botschaften richtig formuliert werden können, stellt sich die Frage nach der angesprochenen Zielgruppe. Zu einer Zielgruppenanalyse gehören Fragen über den vermutlichen Erfahrungs-, Erwartungs- und Interessenhorizont der Zuhörer. Eine Strategie für die Gewinnung der Gegner ist ebenso fester Bestandteil davon.[48]

---

[46] vgl. *Grube* (2016)
[47] vgl. *Fey* (2013), S. 10
[48] vgl. *Fey* (2013), S. 11

Botschaften: Durch die Antworten auf die Pressefrage werden die vordefinierten Botschaften in Form eines roten Leitfadens vermittelt. Die Botschaften müssen wahr und für Journalisten nachprüfbar sein.[49]

Stoffsammlung: Wenn das Hauptthema des Pressegesprächs bekannt ist, gilt es, möglichst viele relevante Inhalte zu sammeln. Dazu gehören Daten, Zahlen, Fakten und Argumente. Diese untermauern, wenn sie verständlich präsentiert werden, die Botschaft.[50]

Ein **Fragen- und Antwortenkatalog** ist eine gute Möglichkeit, um den gesammelten Stoff zu strukturieren und einen bleibenden positiven Eindruck nach dem Pressegespräch zu hinterlassen.[51]

Nicht nur die Stoffsammlung zum Thema ist erforderlich, sondern auch eine **Recherche zum Journalisten** selber gehört zur Vorbereitung. Eine Recherche zum Journalisten beinhaltet Details über seine Vorlieben und Vorurteile, persönlichen und fachlichen Stärken und Schwächen sowie seine Persönlichkeit. Die Ergebnisse der Recherche sollten dafür genutzt werden, eine gesunde Balance zwischen den beiden Polen Abstand und Nähe zu definieren. Eine respektvolle Distanz gepaart mit Interesse, Anerkennung und Bescheidenheit erweist sich oft als die optimale Grundhaltung.[52]

Die eigenen Recherchen werden von einem **persönlichen Vorgespräch** mit dem Journalisten begleitet, wenn die Zeit und der Umfang des Medienauftritts es erlauben. Dabei werden möglichst viele Informationen zum Hintergrund und Anlass, zur Interviewsituation (Aufzeichnungsart, Dauer, Fragen etc.) und zum Charakter des Journalisten erfasst.[53] *Boiardt* gibt folgenden Ratschlag dazu: "Setze dich mit dem Medium und der Redaktion auseinander. Informiere dich auf der Homepage über aktuelle Aktionen und was momentan wichtige Themen sind. So weißt du, was dich erwartet und du kannst interessante Programmpunkte (wenn es denn stimmt) auch mal lobend erwähnen. Das macht Eindruck auf den Journalisten, die Redaktion und das Publikum."[54]

---

[49] vgl. *Grube* (2016)
[50] vgl. *Fey* (2013), S. 26
[51] vgl. *Grube* (2016)
[52] vgl. *Thiele* (2013), S. 43
[53] vgl. *Boiardt* (2015)
[54] *Boiardt* (2015)

Während des Pressegesprächs ist ein vorab überlegtes **Rede-Design** unerlässlich, um die Situation spannend und lebendig zu gestalten. Dies lässt sich durch eigene Gegenfragen gestalten. Ebenfalls auch durch Antworten in kurzen Sätzen von ca. 25 Sekunden mit gut eingebauten Pausen, die durch ein Training vorab geübt werden können.[55]

Die Presse ist darauf bedacht, den Zuhörern, Zuschauern oder Lesern möglichst detaillierte Berichte zur Verfügung zu stellen. Daher werden alle W-Fragen (Wer? Was? Wann? Wieso? Warum? Wo?) gestellt und beantwortet. Vage Aussagen, schwammige Vermutungen sowie fade Vertröstungen befriedigen die Pressevertreter nicht"[56]: Was würde ich gern hören, wenn ich das Pressegespräch leiten würde? Diese Frage soll während der Vorbereitung gestellt und geklärt werden.

Überzeugend präsentierte Inhalte entstehen, wenn eine Identifikation des Redners mit den Antworten gegeben ist. Denn Präsenz, Wirkung und Überzeugungskraft entstehen, wenn der Redner voll und ganz dahintersteht oder erfolgreich diese Rolle übernimmt.[57] "Eine perfekte Vorbereitung zeigt nur dann Wirkung, wenn der Vortragende ansprechend präsentiert und seine Begeisterung an die Zuhörer weitergibt."[58]

Die Kompetenz eines Presseauftritts manifestiert sich durch

- kurze und verständliche Antworten auf die Fragen,

- Souveränität bei unangenehmen Fragen,

- Vermittlung eines entspannten und lockeren Ausdrucks

- direkter langer Blickkontakt (siehe Aufgabe B2) sowie

- richtiger Einsatz von Gesten und kontrollierter Gestikulation (siehe Aufgabe B2).[59]

---

[55] vgl. *Lackner* (2018)
[56] vgl. *Lackner* (2018)
[57] vgl. *Matschnig* (2016) b, S. 113
[58] *Matschnig* (2016) b, S. 113
[59] vgl. *Matschnig* (2014)

Ein freundlicher Gesichtsausdruck sowie das Zeigen von Emotionen gepaart mit einer stimmigen Selbstinszenierung leisten einen großen Beitrag bei der Vermittlung von Kompetenzen (siehe Aufgabe B2).[60]

Wer sein Pressegespräch beherrscht, kann nicht nur gut reden, sondern hört auch aktiv zu. **Aktiv Zuhören** bedeutet,

- das Gesagte wahrzunehmen,

- zwischen den Zeilen zu hören,

- die begleitenden nonverbalen Signale zu beobachten,

- eine positive Haltung und Mimik einzunehmen sowie

- direkten Augenkontakt zu halten.[61]

Nachfragen ist genauso wichtig wie Zuhören. Gerade dann, wenn eine Frage nicht richtig verstanden wurde oder ein Zusammenhang nicht stimmig erscheint, gilt es, nachzufragen.[62]

Wenn die Vorbereitungsphase abgeschlossen ist, empfiehlt sich eine **Generalprobe** vor der eigenen Kamera. Dabei wird die Selbstwirkung (ohne Ton) analysiert und das ehrliche Feedback anderer Beteiligter eingeholt. Negative und positive Indizien der Körpersprache werden wahrgenommen und nach Bedarf korrigiert bzw. verstärkt. Im nächsten Schritt wird die Aufnahme mit eingeschaltetem Ton angeschaut, um zu prüfen, ob die Körpersprache mit den Worten übereinstimmt und ob die grundlegende Rhetorik und Sprachregeln eingehalten wurden.[63] Die Simulation hilft, sich in die Interviewsituation hineinzuversetzen und ein Bewusstsein für das eigene Auftreten zu schaffen. Das wirkt sich positiv und authentisch auf den Verlauf des Pressegesprächs aus.[64]

---

[60] vgl. *Matschnig* (2014)
[61] vgl. *Thiele* (2013), S. 44f
[62] vgl. *Thiele* (2013), S. 45f
[63] vgl. *Matschnig* (2014)
[64] vgl. *Grube* (2016)

Literaturverzeichnis

Dahlke, R./Fasel, R. (2016). *Die Spuren der Seele* (2. Aufl.). München: Gräfe und Unzer.

Enkelmann, N. B., Tschernutter, M. (2006). *Mehr als überzeugen*. Wien: Linde.

Fey, G. (2013). *Sicher und überzeugend präsentieren* (3. Aufl.). Regensburg: Walhalla.

Matschnig, M. (2012). *Körpersprache im Beruf*. München: Gräfe und Unzer.

Matschnig, M. (2016) a. *Die Macht der Wirkung*. München: dtv.

Matschnig, M. (2016) b. *Körpersprache*. München: Gräfe und Unzer.

Molcho, S. (2015). *Körpersprache des Erfolgs*. München: Ariston.

Müller, E. B. (2012). *Charisma - mit Strategie und Persönlichkeit zum Erfolg*. Freiburg: Haufe.

Sponar, F. (2014). *Medienrhetorik und Textgestaltung* (2. Aufl.). Riedlingen: SRH FernHochschule.

Thiele, C. (2013). *Interviews führen* (2. Aufl.). Konstanz und München: UKV.

Zapke, D. (2015). *Die Rhetorikfalle*. Offenbach: Gabal.

Internetquellenverzeichnis

Boiardt, V. (2015). *Die 10 wichtigsten Tipps für erfolgreiche Interviews.* Zugriff am 14.04.2018. Verfügbar unter https://spinnup.com/de/blog/die-10-wichtigsten-tipps-fuer-erfolgreiche-interviews/.

Grube, K. (2016). *Erfolgreich Interviews geben - worauf Sie achten sollten.* Zugriff am 14.04.2018. Verfügbar unter https://www.marketinginwestfalen.de/blog/erfolgreich-interviews-geben-worauf-sie-achten-sollten/.

kundennutzen.ch (o. D.). *10 Tipps, um vor der Kamera zu beeindrucken!* Zugriff am 26.03.2018. Verfügbar unter https://kundennutzen.ch/vor-der-kamera.php.

Lackner, T. (2018). *MEDIENAUFTRITT: 7 x Kardinalfehler.* Zugriff am 27.03.2018. Verfügbar unter https://steemit.com/news/@tatjana.lackner/medienauftritt-7-x-kardinalfehler.

Mahler, M. (2015). *Medienauftritt: stressfrei vor die Kamera.* Zugriff am 27.03.2018. Verfügbar unter https://bernet.ch/blog/2015/06/17/medienauftritt-das-wichtigste-in-kuerze/.

Matschnig, M. (2014). *Der richtige Umgang mit Presse und Medien.* Zugriff am 14.04.2018. Verfügbar unter https://www.business-wissen.de/artikel/pr-der-richtige-umgang-mit-presse-und-medien/.

Schweickhardt, G. (o. D.). *Sprechen am Mikrofon.* Zugriff am 26.03.2018. Verfügbar unter http://www.stimmbewusstsein.de/fokus/.

Steinke, L. (o. D.). *10 Tipps gegen Lampenfieber und Fehler beim Fernsehauftritt.* Zugriff am 26.03.2018. Verfügbar unter http://blog.kommunikation360.de/der-fernsehauftritt/10-tipps-gegen-lampenfieber-und-fehler-beim-fernsehauftritt/.

Video, O. (2017). *Tipps, um vor der Kamera professionell auszusehen.* Zugriff am 14.04.2018. Verfügbar unter https://blogs.techsmith.de/tipps_tricks/professionell-vor-der-kamera/.